LOS PREGONES DE MI PUEBLO
Tradición Oral Colombiana

Carmen Cecilia Díaz de Almeida

Ilustraciones, Caricaturas: Diego Peña. **Caligrafía**: Dorys Ortiz Camacho. Primera Edición Impresa 1994, Colombia. Primera Edición en Amazon 2016, Estados Unidos. Derechos reservados de la autora. Copyright © 1994

CARMEN CECILIA DIAZ DE ALMEIDA

Carmen Cecilia Díaz de Almeida, autora y artista colombiana. Nacida en Piedecuesta (Santander). Ha publicado 35 libros de cultura, costumbres, sabiduría popular y folklore colombiano. Reconocida por la UNESCO y la Gobernación de Santander como "Patrimonio Cultural Viviente", por sus aportes e investigaciones con el objetivo principal de conservar y transmitir la tradición oral, sabiduría y folclor colombiano, despertando el sentimiento de identidad, continuidad y así promover el respeto a la diversidad cultural y creatividad humana.

Intelectual comprometida con la Docencia-Educación y la Investigación de la Tradición Oral y Cultura en la región de Piedecuesta, Santander. Asesora en Universidades, Conferencista y Radio-locutora.

Realizó estudios profesionales de Historia de Colombia en la Universidad Industrial de Santander UIS, de Filosofía y Letras en la Universidad de Santo Tomás de Aquino, de Español y de Literatura en la Universidad de Pamplona. Hizo sus estudios primarios y secundarios en el Colegio de La Presentación de Piedecuesta y en la Escuela Normal Superior de Bucaramanga, allí obtuvo el título de Maestra Superior. Está casada y tiene dos hijos.

TAMBIEN DE CARMEN CECILIA DIAZ DE ALMEIDA

Colección Tradición Oral Colombiana:
A calzón quitao (1992)
Los pregones de mi pueblo (1994)
El Trabalengüero (1997)
Cuentos de miedo (1998)
Cualquier parecido es mera coincidencia (1999)
Creencias y costumbres de mi pueblo (2001)
Refranes, coplas y adivinanzas para niños (2016)
Más decires de mi pueblo (2017)
Cuentos de Miedo – Spanish/English Version (2017)
El cuaderno viajero (2018)

Sabiduría Popular Colombiana:
Secretos caseros de nuestras abuelas (1990)
Piedecuesta, Mi patria Chica (1995)
Bucaramanga, señorial y bella (1995)
El trajín de la crianza (2000)
Creencias y costumbres de mi pueblo (2001)
Escritores de la Villa de San Carlos del Pie de la Cuesta (2003)
Santander (2004)
Recuerdos de mecedora (2008)
Escuela de economía doméstica (2018)

Colección Vivencias:
Los sentimientos no se compran en la tienda (2003)
Mensajes para fechas especiales (2004)
Sentir, asombrarse y vivir (2005)
Trocitos de paz (2005)
Las siete gracias de la felicidad (2010)
El poder del pero (2011)

Colección de Cívica y Urbanidad:
El señorío se aprende en Casa. Civismo, buenas costumbres y etiqueta (2008)

Colección Poemas:
A través de la luz (2002)

Colección de cuentos:
El espantapájaros que tenía corazón (2003)

Libros publicados por la Editorial San Pablo:
Refranes y otras cosas de la ilustre Villa del Garrote (1984)
Comunícate (1992)
Secretos manuales para embellecer el hogar (2001)
Cuentos para niños de 1 a 100 años (2005)
No pierda el impulso (2005)
Un mensaje para mí (2006)

CONTENIDO

Dedicatoria

A mis maestros con sentimientos de gratitud por lo que me han enseñado;
y a mis alumnos por las oportunidades que me han dado para aprender.

Prólogo

Cada época trae su historia, su modo de vida, sus costumbres y en muchas de esas situaciones podemos definir realidades del pasado que enmarcaron el modus vivendi de la sociedad y nos indican cómo eran las personas, cuál era su entorno y cuáles sus afanes.

Carmen Cecilia Díaz de Almeida, la original escritora Piedecuestana, ha querido recoger con paciencia sin par, las voces de los pregones que anunciaban por las calles las cosas de la actividad diaria que han constituido parte de la vida económica y social de ciudades y pueblos.

Con esta colección de frases sólidas de sabiduría popular, recordamos por ejemplo cómo en una economía pobre y con apremios, la gente forjada en la honestidad, se las ingenia para montar su negocio, en donde hace de fabricante, vendedor y anunciante.

Los instrumentos publicitarios tan sofisticados que hoy vemos, tuvieron su origen en los pregones, pues los publicistas de hoy, trabajan arduamente con todos los elementos de la capacitación y la creatividad, para diseñar una frase que con sólo mencionarla atraiga al consumidor para que compre el producto.

Y la realidad de todas estas situaciones la podemos comprobar en frases como "La Vanguardia Liberal con el retrato de la víctima". Eran tan de poca ocurrencia las muertes violentas, que cuando llegaba a suceder una, con este anuncio el periódico se agotaba en un par de horas, porque todo el mundo quería enterarse de los sucesos de la tragedia, hasta el punto de que el tema podía durar meses en boca de los contertulios ocasionales.

Ahí, por ejemplo, observamos que el mismo idioma va cambiando con el tiempo; antes no se decía fotografía sino retrato; taxi sino carro de plaza, porque eran muy pocos y se situaban alrededor de la plaza a esperar sus posibles usuarios. No se decía automóvil o vehículo, sino máquina; cuando a alguien se le preguntaba Cómo está?, la respuesta no era como hoy: "muy bien" o "divinamente" sino "poco más o menos".

Es por ello que este afortunado libro de Carmen Cecilia Díaz de Almeida, recoge un testimonio de toda una época, del comportamiento popular y de una manera simpática y acertada, nos refresca la memoria y nos deleita el espíritu, porque como muy bien lo dice el Doctor Vesga Tristancho en sus columnas, "recordar es vivir".

Eduardo Durán Gómez

Introducción

Usted va a leer una serie de mensajes cortos repetidos por hombres y mujeres que pasan la vida quebrándose el alma contra la brisa y generalmente mujeres sin dejar huella. Encontrará en estas páginas pregones, es decir, frases y oraciones con las cuales diariamente se anuncian en las calles variados productos de uso corriente. Por lo tanto aquí no busque emociones fuertes, ni paroxismos de amor. El personaje central es el vendedor ambulante, persona con deseos de sobrevivir a costa de un difícil trabajo, desafiando toda clase de inclemencias.

El mundo está hastiado de problemas, violencia y cansado de correr. A la gente se le ha olvidado el buen hábito de observar, reflexionar y este contenido es un esfuerzo orientado a hacer ver, cómo hay tantas personas humildes que trabajan mucho a cambio de poco y que se las ingenian para llamar la atención inventando estribillos, dando especial entonación a su voz, para anunciar en la mejor forma sus artículos.
Se recuerdan en estas páginas, oídos con la atención del investigador, los principales pregones que se dicen en las calles de algunos de nuestros pueblos y ciudades, transcribiendo textualmente dichos mensajes y caricaturizando algunos de ellos.

Bien podemos decir que: "LOS PREGONES DE MI PUEBLO", es un cuadro costumbrista que muestra al lector algunos comportamientos humanos de humor, de personajes típicos que van dejando su vida en retazos de peripecias, tribulaciones y alegrías, cuya misión es vender para poder seguir el camino.

La Autora

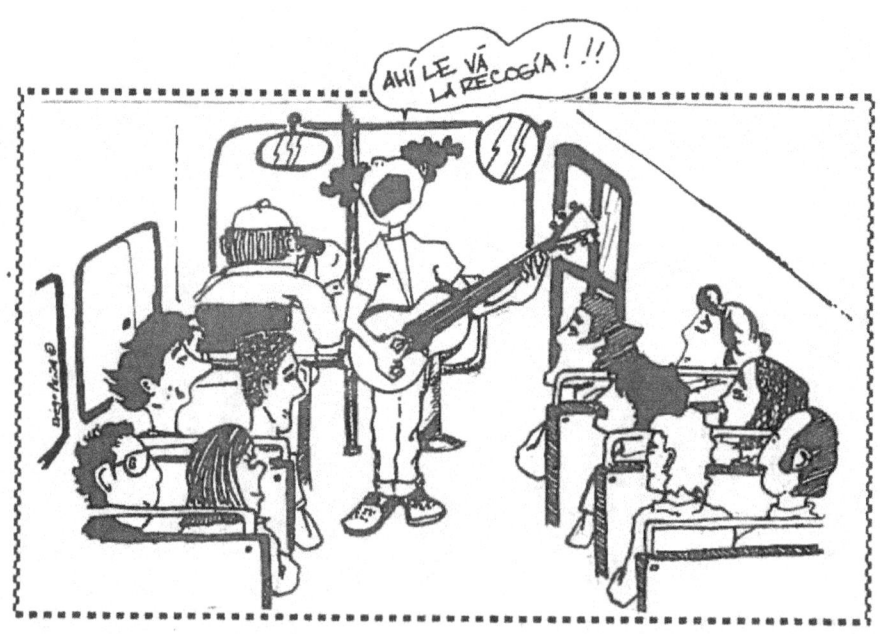

LOS PREGONES DE MI PUEBLO
Tradición Oral Colombiana

Cuando había poca gente alfabetizada y nadie soñaba con la radio y el cine, la información llegaba lentamente, por vía oral, mediante rumores, leyendas, baladas o pregones.

El pregón es una clara fusión de ciertos giros característicos de la música litúrgica bizantina dentro del crisol de las primitivas tonás, aunque también es probable que fuesen éstas quienes aprovecharon el orientalismo musical latente en Andalucía; en este sentido, el pregón puede ser el más directo antecedente histórico de la saeta. Es un cante de muy difícil ejecución y los textos que de él se conservan constan de medio centenar de versos de métrica irregular, donde se mezclan diferentes episodios bíblicos con añadidos de muy confusa procedencia. Se llaman también pregones, las coplas improvisadas por los vendedores ambulantes andaluces según los hábitos flamencos de cada localidad: es muy posible que algunas de dichas coplas llegaron a convertirse en estribillos de las cantiñas propias de Cádiz y Sevilla.

El pregonero es la persona que difunde o publica una noticia o un hecho que se ignoraba. Antiguamente se usaba que el pregonero de la población, acompañado de dos alguaciles, saliera al ruedo y leyera en voz alta el bando de las disposiciones adoptadas por la autoridad para el buen régimen de las corridas de toros.

Los pregoneros oficiales o públicos tienen su precedente en los praecones romanos (eran los heraldos o pregoneros de la antigua Roma). Continuaron extendiéndose hasta que en nuestros días, la generalización de los bandos impresos y el desarrollo de la prensa les han hecho casi inútiles. Con todo en los ayuntamientos, especialmente en los rurales y poblaciones pequeñas, se conserva éste, empleado para conocer aquellos acuerdos de carácter general y urgente que interesan a todo el vecindario, así como anuncios comerciales de carácter particular y circunstancial, pérdida de objetos, etc. También existían pregoneros en lo judicial, teniéndolos las Audiencias y Alcaldes Mayores; su función principal era pregonar el delito acompañando al reo, en las penas de muerte, azotes y vergüenza pública.

El pregón es la publicación hecha en voz alta y en lugar público sobre qué conviene que todos sepan o que se quiere dar a conocer. En Cantabria y Asturias proclamas matrimoniales. Es el grito que de sus mercaderías hacen los feriantes y los vendedores ambulantes.

Los siguientes pregones fueron tomados directamente de boca de mis coterráneos piedecuestanos:

¡ Pescao bagre, pescao, pescao …!

Pregonero griego (Figura de una cratera conservada en el Museo del Louvre, París)

¡ Se compran botellas, frascos, litros …!

¡ La Vanguardia, con el retrato de la víctima!

¡ A ver, a la orden la piña …!

¡ La remontadora, van a echar calzado …!

¡ Me queda el último de Boyacá …! (Lotería)

¡ La Química, van a echar ropa …!

¡ Se arregla calzado…!

¡ Se reparan planchas y ollas a presión …!

¡ La nueva Constitución …!

¡ El Código Sustantivo de Trabajo, la Reforma Laboral…!

¡ Cúcuta, Cúcuta, un puesto a Cúcuta …!

Monedas romanas con la representación de un pregonero

¡ El repuesto para la olla, la licuadora …!

¡ Bocachico, pescao, pescao …!

¡ La barrita tiene huevo, tiene huevo la barrita …!

¡ Arepitas …!

¡ Masa de maíz pelao …!

¡ Dejan hayacos …!

¡ Todo a mil, lo que coja a mil …!

¡ Tardecito pero llegaron, las hojaldras calienticas y el masato frío…!

¡ Le echo la emboladita …!

¡ Pomada Calmayá, Polvo reo, Lilimento León, piedras para fosforera y almanaque La Cabaña para el año entrante …!

¡Cógili pulga, ábrili jeta, échili pólviri y verá que la pulga cáiri muerta...!

¡Llegó el lechero...!

¡Se arreglan máquinas de moler viejas ...!

¡Santander la juega hoy ...! (Lotería)

¡Llevando la tiza China para eliminar cucarachas, piojos, chinches y garrapatas...!

¡A cincuenta los churros...!

¡Sancocho de bagre...!

¡Cardamomo, lleve el cardamomo ...!

¡A la orden el exterminador de gordos...! (Ungüento)

¡ Siga jefe, le lustro, tengo betún negro, vinotinto, champú para tenis …!

¡ Controle su peso, controle su peso, a cincuenta la pesadita!

¡ La nueve millonaria …! (Lotería)

¡ A la orden, mango verde con sal…!

¡ Quesadillo, quesadillo a la orden…!

¡ Calientico, calientico, hayaquito de mazorca…!

¡ El circo de Madagascar, última función, asista hoy…!

¡ A la orden la avena, papa y rellena, empanadas a la orden…!

¡ Controlamos su peso…!

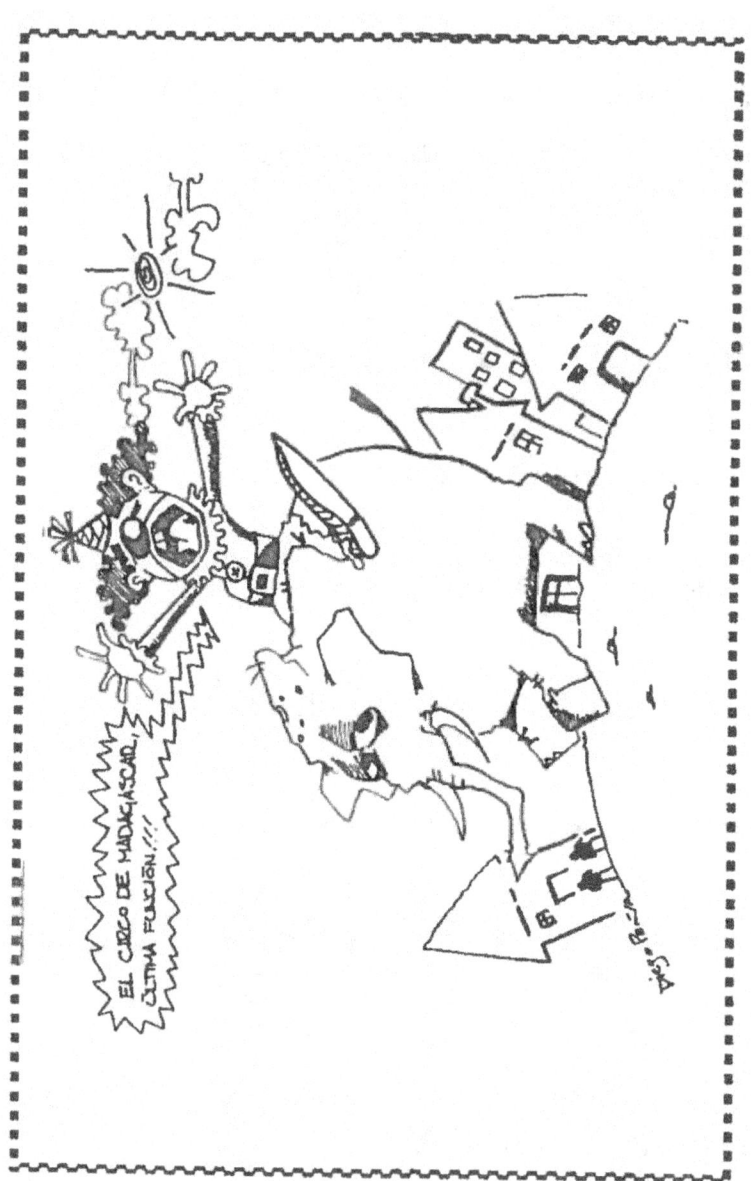

¡ Arepas de pollo cuántas le dejamos…!

¡ Llegó el aguacate criollo de San Vicente…!

¡ Llegaron los mangos, ricos, frescos y baratos…!

¡ Leche, leche, fresquita la leche…!

¡ A crédito las sábanas, canastas y mecedoras…!

¡ Bueno pueblo, llegó la piña barata…!

¡ Menudencias, lleven las menudencias a cuatroscientos cincuenta pesos…!

¡ Adelante, sigan, sigan estamos en promoción…!

¡ Churros deliciosos, a cien los churros, lleve los churros…!

¡ Tinto, perico, tinto, aromáticas …!

¡ Lo que coja a trescientos …!

¡ Las habas ricas, las habas sabrositas, a la orden las habas…!

¡ Aguacate criollo maduro…!

¡ A mil, a mil, lo que coja a mil …!

¡ Huevos, huevos, tres por el valor de dos …!

¡ Llevando el maduro…!

¡ Hayacos, masa para las arepas…!

¡ Sí señor, todo lo que coja a cien…!

¡ A mil, camisas a mil …!

¡ Se arregla la olla a presión, licuadora y máquina de escribir…!

¡ A la orden mi amor, hay pollo, gallina, qué se les ofrece ...!

¡ A la orden los mangos de azúcar, a cien pesos, dulcecitos, llegaron los mangos de azúcar ...!

¡ Tres toallas por mil pesos...!

¡ Forros para los controles, llévenlos que se agotan ...!

¡ El mango a la orden bien rico y madurito ...!

¡ Raspao, raspao, llegaron los raspaos ...!

¡ El verde, grande y barato...! (Plátano)

¡ A la orden los helados, de mora para la señora, de piña para la niña y de limón para el señor ...!

¡ Hayacos de sal y de dulce...!

¡ Arepas de maíz pelao...!

¡ Todo a cien, lo que quiera a cien …!

¡ Compro chatarra, aluminio, botellas, papel periódico …!

¡ Cerveza polar, sí para matar la sed, sí señor, cómprela …!

¡ El dulce con agua sólo por doscientos pesos …!

¡ A la orden los turrones de coco, vainilla y limón …!

¡ Hay remate de Mercatelas, lleve un metro de tela por mil pesos…!

¡ La vanguardia, El Tiempo, El Espectador…!

¡ Llévelas, llévelas, camisetas de la Selección Colombia…!

¡ Cambio traperos, recogedores y cepillos por ropa vieja…!

¡ Hayacos de mazorca…!

¡ Helados El Porvenir, más sabor en cantidad…!

¡ Pollo fresco a la orden …!

¡ Los huevos de tortuga, calienticos …!

¡ El pollo fresco, llevamos pechugas, perniles, corazones, menudencias, alas …!

¡ A la orden la papa pastusa …!

¡ Vendo las contras, chuchuuaza, la pomada Calmayá…!

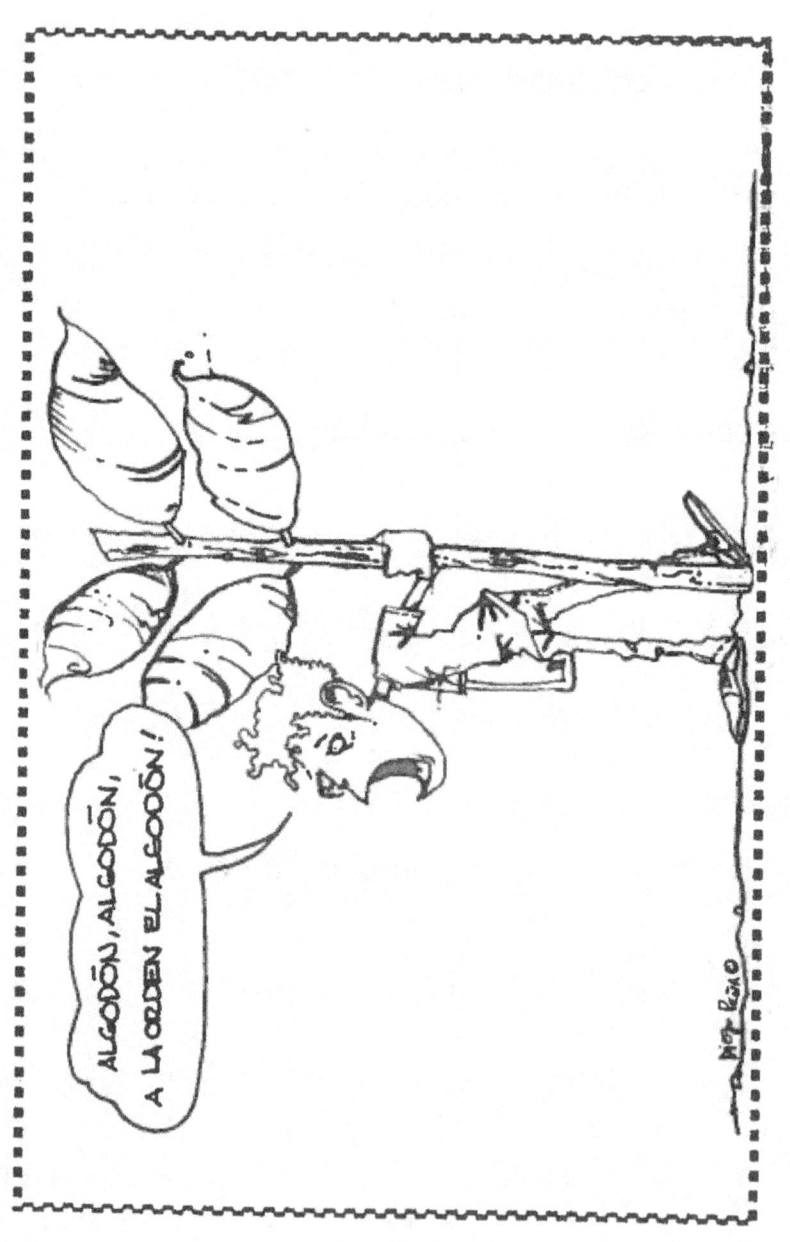

¡ A la orden el hilo, las cuchillas, la naftalina y las agujas…!

¡ Repuestos para la máquina de afeitar …!

¡ Vengan, vengan, lleven los limoncitos buenos y baraticos …!

¡ A la orden señora, siga, le tenemos ropa para damas, caballeros y niños …!

¡ Calienticas las empanadas a la orden…!

¡ Sahumerio, sahumerio para sacar la mala suerte, los malos espíritus y que llegue la prosperidad …!

¡ Se afilan cuchillos y machetes…!

¡ Calentano, pan, mestizo, roscón con vendaje a la orden…!

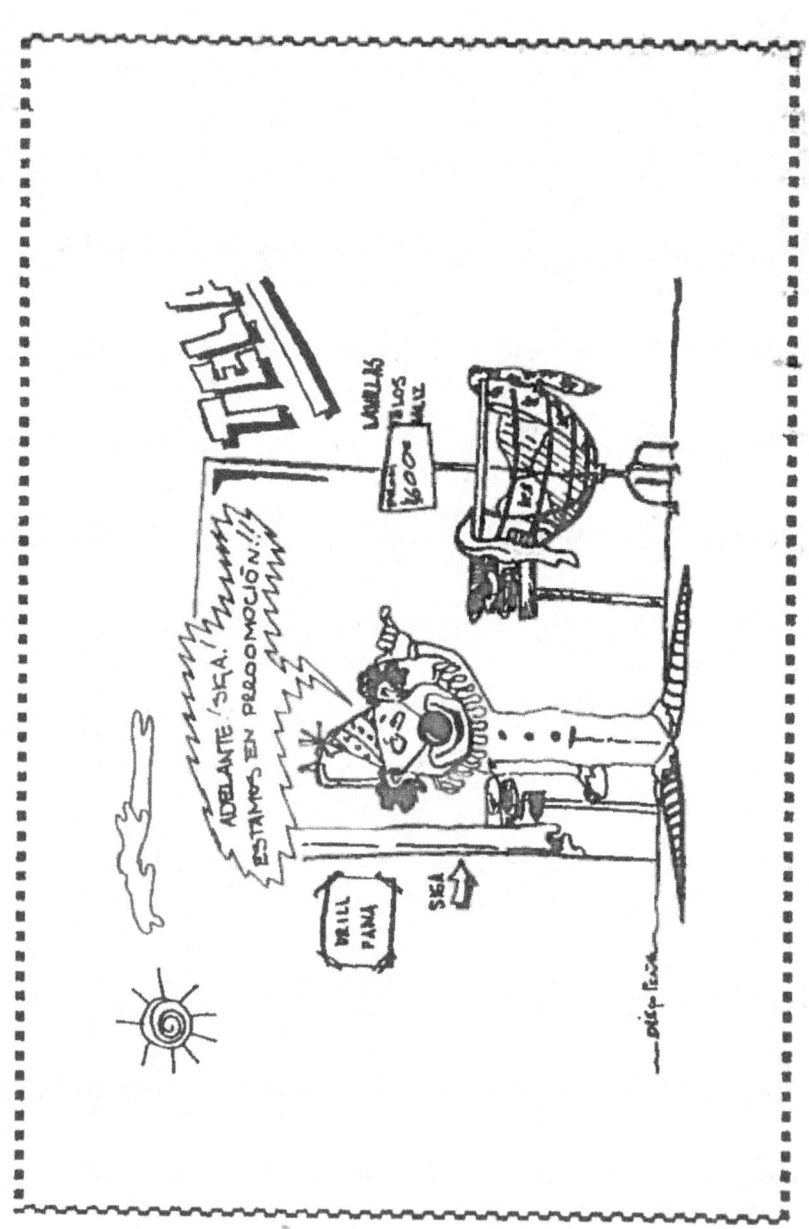

¡ Camisetas a dos mil…!

¡ Boyacá para hoy…!

¡ La Cundinamarca, la juegan hoy…!

¡ Aguacate maduro, criollo, maduro, aguacate…!

¡ Bueno, bonito y barato, rematamos, sigan…!

¡ Véalo circo de los Hermanos Gasca, camellos, tigres,

osos y elefantes…!

¡ A la piña, a la piña, a la orden la piña…!

¡ A los mangos verdes con sal…!

¡ A ver, a ver a la orden la piña…!

¡ A la piña, a la piña, amigo…!

¡ A la orden la zanahoria, baratica, baratica y fresca…!

¡ Los conos, los conos a doscientos los conos…!

¡ Dos jabones en trescientos, éste dura más que los demás, cómprelo doñita…!

¡ Jugo de naranja, cerveza y melocotón…!

¡ Cambio rosa vieja por cosas…!

¡ Arreglo la plancha y la licuadora…!

¡ Vendo roscones calientes…!

¡ Limpiamos la máquina de escribir…!

¡ Pueblo, pueblo llegó la papa…!

¡ Papel higiénico a la orden…!

¡ Recogedores, escobas, escobones, traperos…!

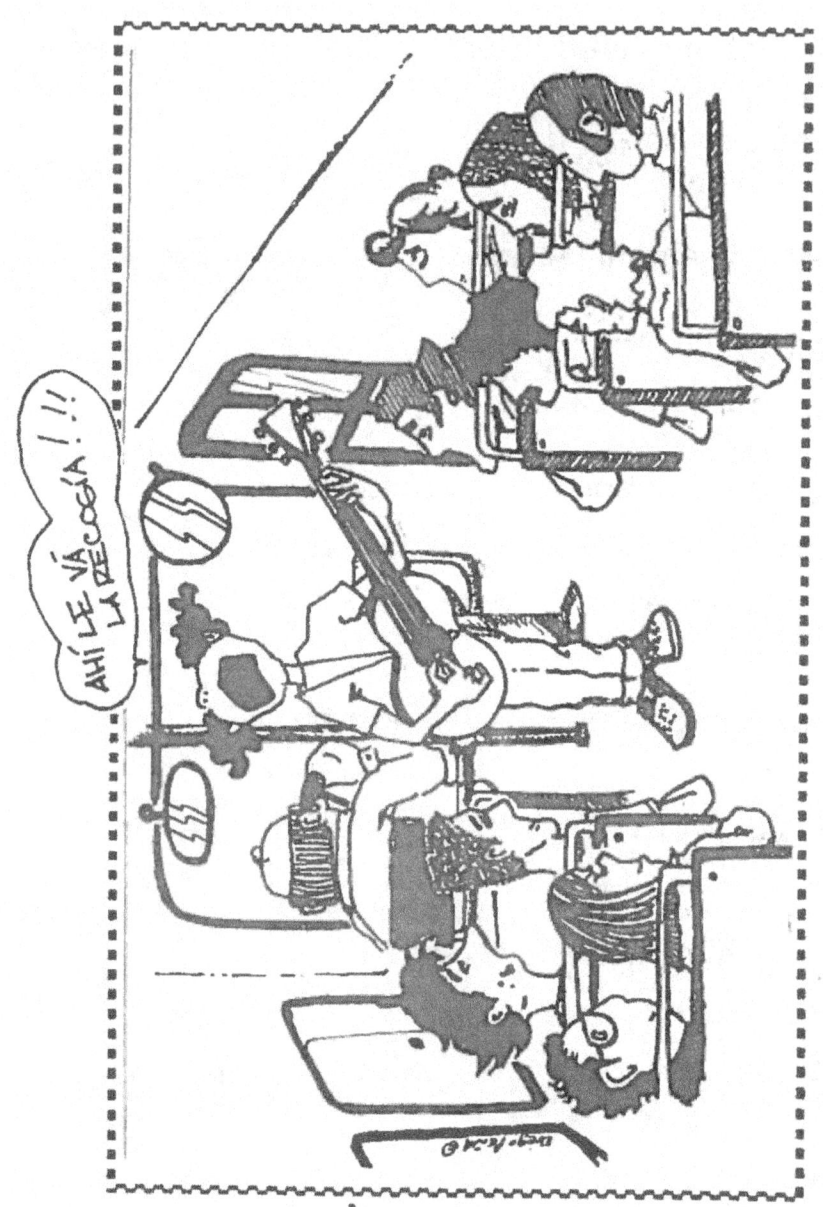

¡ Compran bolsas para el aseo? ...!

¡ A la orden buñuelos frescos y calienticos...!

¡ Se compra la chatarra, el hierro, el cobre, el

aluminio...!

¡ Hayacos a la orden, los hayacos de mazorca...!

¡ Hay tamales, a la orden los tamales...!

¡ Compro hierro, hueso, cobre, aluminio...!

¡ Se cambia por ropa, traperos, escobas y cepillos...!

¡ Mire mamita qué va a llevar, todo a trescientos, lo

que escoja...!

¡ A cien la piña, a cien la piña...!

¡ Dulce, dulce el zapote...!

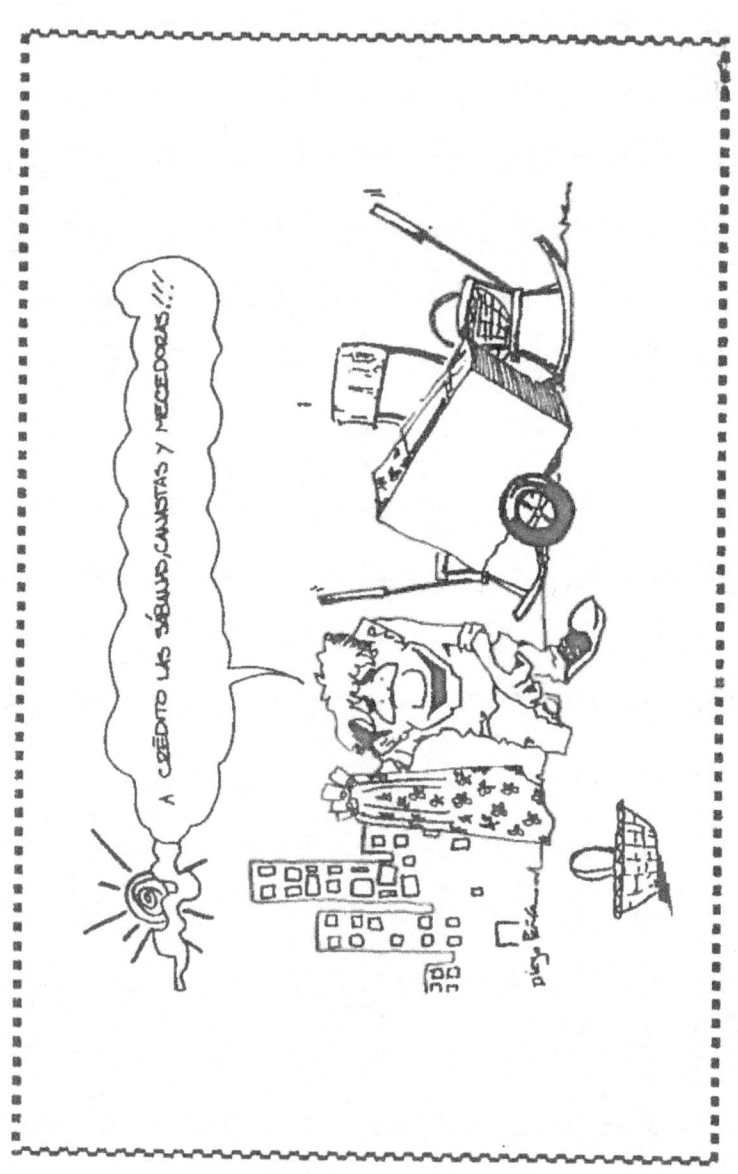

¡ De pollo los hayacos…!

¡ Cinta para la bandera del ocho de diciembre…!

¡ Ajo en pepa a cien…!

¡ Vajillas, peluches, relojes, mesas para dejar a crédito…!

¡ Tomate, cebolla, tomate, limones, cebolla, tomate…!

¡ Sigan a la promoción, gran descuento…!

¡ La sopita…!

¡ Coma maní que comió la Reina Emperatriz debajo de la nariz…!

¡ Aguacate chucureño…!

¡ Hayacos de sal y de dulce…!

¡ Pollito mi señora…!

¡ Si su hijo llora dele mango y si sigue llorando sígale dando…!

¡ Lo que lleve, lo que agarre, lo que coja a quinientos o a mil…!

¡ Un momentico, un momentico señores le saco a Margarita, quieta Margarita…!

¡ Arepitas, llegaron las arepas…!

¡ Llegó el lechero, leche, leche…!

¡ Promoción de fabuloso, tres en mil…!

¡ A crédito sábanas, cobijas y tendidos…!

¡ Hayacos con corazón de pollo...!

¡ Se cambia oro por peluches y ollas...!

¡ Se compra chatarra, ollas viejas y planchas viejas...!

¡ A Vélez, Vélez, Vélez, sale el bus para Vélez, Vélez...!

¡ Cepillo, traperos cambio por ropa...!

¡ A Cimitarra a las doce sale el bus...!

¡ Cúcuta, Cúcuta, Cúcuta, próximo a salir...!

¡ Próximo a Cúcuta, Cácota, Chinácota...!

¡ Llegó la pitahaya, a la orden...!

¡ Pasajeros con destino a Bucaramanga, bus número 114 próximo a salir...!

¡ A la orden el queso fresco, rico llévelo a casa por sólo mil pesos...!

¡ A la orden el tomate, tomate, tomate a doscientos...!

¡ Llegó la leche, leche pura de vaca...!

¡ A la orden los roscones calienticos...!

¡ A la orden los pollos gigantes...!

¡ A la orden roscones, galletas y cucas negras...!

¡ Aguacate criollo, maduro, aguacate...!

¡ Fresca y rica la avena...!

¡ A la orden lleve, lleve la mora y la curuba...!

¡ Llegó la fruta fresca y sabrosa...!

¡Lavandería, van a echar ropa...!

¡Se compra chatarra, hierro, cobre, aluminio, baterías viejas de carro...!

¡Verdecito el perejil y el cilantro...!

¡Toda clase de fruta la consigue aquí, a la orden...!

¡El gas, el gas...!

¡Se venden arepas de maíz pelao...!

¡Llevo la mercancía a crédito...!

¡Caucho para la olla a presión...!

¡Bolsas para la basura...!

¡Lleve tres y pague dos, la oferta, lleve las manzanas...!

¡ Helados de crema y leche…!

¡ Vendo los collares de la moda a mil…!

¡ Tengo los llaveros que están de moda…!

¡ Remate a mitad de precio, todo en ropa interior, zapatos, medias, todo a mitad de precio…!

¡ Juego de pelotas gana pollito…!

¡ Vengan lleven las naranjas, jugosas, dulces y baratas…!

¡ Aguacate chucureño …!

¡ Grande el tomate, bueno y barato a la orden, a la orden…!

¡ Manzanas a doscientos, tres por quinientos …!

¡ Al tinto, al tinto, al perico, a cien, a cien…!

¡ Llegó la fruta fresca y sabrosa, a la orden…!

¡ A la orden el pollo, pechuga y muslo…!

¡ Seis vasos en quinientos…!

¡ A la orden los pollos gigantes…!

¡ Chicharrones, bofe, carraco…!

¡ Raspao, raspao, con dulce y miel de abejas…!

¡ Las alcancías, las alcancías, vendo alcancías …!

¡ Y están perfumados los ambientadores,

perfumados…!

¡ Lleve la agenda, la agenda, la agenda…!

¡ Se cambia ropa por anillos, relojes y planchas viejas...!

¡ A la orden el cardamomo, le quita el mal aliento...!

¡ Se arregla la olla exprés, tengo empaques, llevo repuestos...!

¡ Límpido, límpido...!

¡ Se hacen sillas nuevas y se les remienda el asiento a las viejas...!

¡ Se compran máquinas de moler viejas...!

¡ Lleve la bolsa, la tarjeta, el papel...!

¡ Se compran máquinas de coser viejas...!

¡ El diploma la rosa, el diploma la rosa...!

¡ El regalo para la madre, bonito y barato…!

¡ Tamales con pollo, ricos y calienticos…!

¡ Pollo, pollo, gallina, tiene huevo…!

¡ A la orden la guayaba, la guayaba a cien pesitos…!

¡ A la orden los zapatos, a mil el par, escoja…!

¡ A ciento veinte la guayaba, vea…!

¡ A doscientos, cinco en doscientos, él sale a cuarenta,

mi viejito vea…!

¡ Se está acabando, se está acabando, se está

acabando, se está acabando el apio, llévelo…!

¡ Tomate barato, tomate barato, muchachos…!

¡ Al mango de azúcar, al mango de azúcar…!

¡ Promoción de sábanas, sábanas de ciento cuarenta a cinco mil…!

¡ Llevándola a dos mil, remate a dos mil…!

¡ A la orden los caramelos, caramelos a la orden…!

¡ Cardamomo para todos las males del cuerpo, en especial para el hígado…!

¡ Mamoncillos, mamoncillos, mamoncillos…!

¡ Bizcochuelos, brazos de retina, almuerzos y mantecás fresquitas y calienticos los bizcochuelos…!

¡ Lleve el mango de azúcar …!

¡ Pastelitos a la orden, pastelitos…!

¡ Venga mi amor qué necesita…!

¡ Ligia, llevo la yerba ...! (Aromáticas)

¡ Arreglamos zapatos...!

¡ Empanadas calienticas, las empanadas...!

¡ Al pescao, al bagre, al bocachico...!

¡ Aguacate a cien, a cien...!

¡ La cebolla, la cebolla, a cien la cebolla...!

¡ Helados de coco, salpicón helados...!

¡ Ganchos para ropa...!

¡ Fresco, fresco maduro el aguacate ...!

¡ Criollo maduro, aguacate, aguacate...!

¡ El plátano maduro, bueno fresco...!

¡ Lleve la yuca, la yuca, mire escoja...!

¡ Lleve el juguete para su niño, barato…!

¡ Cinco cajas de fósforos por cien…!

¡ A llevar el queso, que el que no lleva no sabe qué es

eso…!

¡ Huevos rojos, rojitos bien grandes y sabrositos…!

¡ La miel de abejas, se vende barata la miel…!

¡ Vanguardia con la revista…!

¡ El agua, limonada, naranjada…!

¡ La Italiana, remontadora La Italiana…!

¡ Pollo fresco, gallina fresca, criolla…!

¡ Tostaditas las galletas…!

¡ Los helados, helados, helados…!

¡ Las obleas, fresquitas…!

¡ Ahí va la recogida…! (Cantante en los buses)

¡ El agua, el agua…!

¡ Se afilan cuchillos y machetes…!

¡ La guanábana, la guanábana, el guanabanazo…!

¡ A la orden señora, qué desea la señora…!

¡ La regañona, la regañona…! (Arepitas de mazorca)

¡ El peto, el peto, el peto…!

¡ Echele mano que es de marrano, échele uña que es

de pezuña…!

¡ Siga, llevando las pilas, las pilas…!

¡ A la orden las bolas de millo…!

¡ Siga y gane, en contados minutos le atenderemos, siga y gane...!

¡ Almuerzo corriente con pollito y vale a mil, con carne de vaca y vale a mil...!

¡ A ver mujeres a botar los viejos porque llegaron los nuevos ... cepillos...!

¡ Vendo millos en pelota ...! (Bolas de crispeta de millo)

¡ Vendo escoba a cien, cien...!

¡ Pida cuatro pilas por quinientos, cuatro pilas por quinientos...!

¡ Se vende vestido de segunda para novia...!

¡ Hágase rico con este pedacito …! (Lotería)

¡ Tinto, tinto, perico…!

¡ Se permutan escobas y traperos por ropa de

segunda, pero que esté en buen estado…!

¡ Vendo cucas …! (Galletas negras) …!

¡ Muérdalo, chúpelo y bótelo, vikingos a la orden…!

¡ Hágase rico con ésto…! (Lotería)

¡ Siga al fondo, venga, a la orden …!

¡ Se laminan documentos…!

¡ Queso, bocadillo, bocadillo…!

¡ Almojábanas y queso…!

¡ Gaseosa, gaseosa, gaseosita doña…!

¡ Marlboro, Tiempo, Espectador, las pastas...!

¡ Su llave al minuto...!

¡ Compran bollos...!

¡ A la orden el chicharrón de puerco...!

¡ Ponche, ponche crema a la orden...!

¡ A llevar la granadilla que da fuerza en la

pantorrilla...!

¡ Lleven las tijeras con las que Dalila le cortó el pelo a

Sansón...!

¡ Vendo discos de viejas canciones...!

¡ Vendo baterías nuevas y se les recarga la energía a

las viejas...!

¡ Vendo muebles nuevos y les pinto las patas a los viejos…!

¡ De tortuga, de tortuga…! (Huevos)

¡ Vendo yuca con sabor de carne…!

¡ Melcocha fresca, fresca…!

¡ Pelotas de millo alegrías, a la orden…!

¡ Cambio ropa vieja por utensilios de cocina y aseo…!

¡ Traigo purgantes para que el hígado quede como un guante…!

¡ Compro lo que su marido no usa y le vendo lo que usted necesita: se vende y se compra de todo…!

¡ Se vende naftalina, cáñamo y agujas para remendar…!

¡ A la orden las melcochas que comió el perico por debajo del pico y dijo qué rico...!

¡ A la orden lo que va a llevar...!

¡ Siga mi señora, la ropa que le gusta, a la orden...!

¡ Lavandería Burbujas, lavado y secado en una hora...!

¡ A la orden vendo pomada, específico y sahumerio, qué se le ofrece, qué se le ofrece...!

¡ Lleve caraña para encarañarse...!

¡ Aseguranzas para niños, azabaches, corales ...!
(cintillo para colocar en la muñeca a los bebés, sirven de contras)

¡ Pomadas para sacar fríos, dolores reumáticos, dolores musculares, calambres...!

¡ Compre el chinito que orina...!

¡ Sople, sople y haga las bombitas de jabón...!

¡ El merengón...!

¡ Arepa e' huevo...!

¡ Hay perros, superperros, papa y choripapa...!

¡ A la orden las papas rellenas...!

¡ A la orden las culonas...!

¡ Polar, polar, manzanas, hormigas culonas ...!

¡ Almanaque Bristol para el año entrante...!

¡ Vendo vestido para novia de segunda...!

¡ Mamones a cien y a cincuenta la bolsita

¡ Se cambia, se cambia por ropa …!

¡ Pichón… pichón… pichón…!

¡ Señora ama de casa aproveche la promoción, lleve siete huevos por sólo cuatroscientos cincuenta o la docena por mil…!

¡ La señora lleve su escapulario, por el valor de cien pesos …!

¡ Veladoras del Divino Niño a cincuenta pesos…!

¡ Masa pa' la arepa…!

¡ Lotería de Santander, juega hoy…!

¡ Llegó la papa, la papa criolla…!

¡ Se necesita señora que lave la ropa y la cosa …!

(Que cosa la ropa)

¡ Señor no se apene, venga, siga, a la orden…!

¡ Aguacates valen a cien, valen a dos, aguacates…!

¡ Ganchos para ropa…!

¡ Le cuido el carro, le cuido el carro?...

¡ Ricomango, ricomango, seis por quinientos y cuatro por trescientos…!

¡ Entregando, rematando, mercancía mitad de precio…!

¡ Los merengues a la orden, a cien pesitos la paquita…!

¡ Bucaramanga, Bucaramanga, Tirol, La Mata, El Barranco, Florida…!

¡ Compre la leche de la vaca negra …!

¡ Algodón, algodón a la orden…!

¡ Limones, limones, limones a la orden…!

¡ A la fritanga, fritanga a la orden…!

¡ A la orden el champú Zarando …! (Jabón de la tierra)

¡ A la orden el petróleo…!

¡ Carbón, carbón, carbón vegetal…!

¡ A la orden las velas de sebo…!

¡ Masato, queso, ponche, colaciones…!

¡ A ver mijito, qué le sirvo: pichón, mute, carne asada, yuca fresca, pepitoria, hígado, chunchullas...!

¡ Lleve la carnecita de cochino...!

¡ Al tinto con aguardiente...!

¡ Lleve incienso, sahumerio para la procesión del Viernes Santos...!

¡ Llegó Cruz Blanca, jarabe para las lombrices...!

¡ Tamales calientes con pollo...!

¡ Morcillas, hayacos, morcillas, hayacos...!

¡ Bocachico sogamoso fresco...!

¡ Turrón, turrón argentino...!

¡ Dedos de San Pedro, a la orden ...!

¡ Mantecadas, mantecadas as a la orden...!

¡ Pinto tumbas, pinto tumbas...! (Día de difuntos)

¡ Helados de cola y leche...!

¡ Atención, atención, el circo Estrella en función

inaugural, presentará fieras, payasos, trapecistas,

malabaristas ...!

¡ Repuestos para la cocina de petróleo...!

¡ Atención, atención, su teatro San Carlos presenta

esta noche: Ay Jalisco no te rajes...!

¡ Llegó el almacén ambulante, telas, blusas, faldas,

paño inglés, zarazas ...!

¡ Le pinto la lápida...!

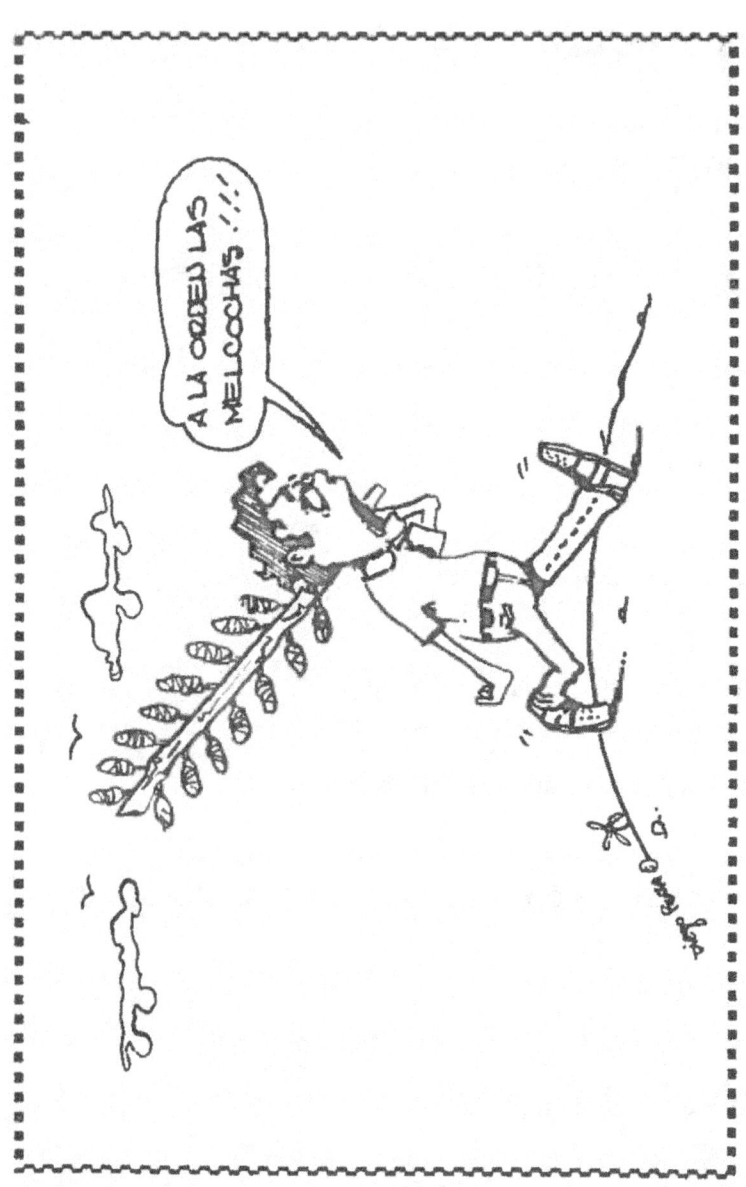

¡ A ver, los responsos para las almas del purgatorio ...!
(En el cementerio el día de Difuntos, 2 de
Noviembre).

¡ Cacaítos a cien...!

¡ Solteritas a la orden...!

¡ Queso de hoja, queso de hoja, a la orden...!

¡ Chupetas, arrancamuelas...!

¡ Mantequilla rovirense, cuajada, quesos
mantequilludos...!

¡ Le deshierbo el frente? (Cuando las calles eran
empedradas)

¡ Jabón de la tierra en bola ...!

¡ A la orden las ollas, platos, portacomidas, tinas, cucharas, cuchillos, tenedores, pocillos y tazas…!

¡ Seguimos ofreciendo la purga para expulsar lombrices, tricocéfalos. Tómese dos por la noche, dos por la mañana y no guarde ninguna dieta …!

¡ Si su niño se orina en la cama, no le pegue, él lo que tiene es un frío concentrado en la vejiga. Aplíquele pomada Santa Cruz y arrópelo y la molestia desaparecerá …!

¡ El Deber y el Frente …!

¡ Diario del Oriente …!

¡ Hayacos de pelao con chicharrón …!

¡ Are'pe huevo, are'pe huevo …!

¡ Pata, pata, avena fresca…!

¡ Chance, chance, hoy con la lotería de Santander …!

¡ Gran baratillo llegó, todo con rebaja, rematamos,

gran quemazón…!

¡ A la orden miel de abejas y angelitas …!

¡ Jalea real, a la orden…!

¡ Se venden cobijas nuevas y se les encima una

vieja…!

Epílogo

La calle es el domicilio del vendedor, inventada por el hombre en la medida en que fueron surgiendo ciudades. Este lugar algunas veces carente de abrigo y otras de oasis donde guarecerse del sol, lámpara diurna que tuesta los semblantes y también los corazones, cuando luego de largas jornadas han vendido poco.

La calle es viva, llena de gente que va de un lado a otro sin parar, tiene todo para sus compradores y el vendedor inmerso en su difícil mundo, batalla para llevar a casa un sustento mejor.

El transeúnte olvida que la calle es un lugar donde pasa mucho tiempo, no la valora, por lo tanto a veces presenta aspecto deplorable y el hombre en su carrera loca, se agota más, se adapta y a veces no termina por acostumbrarse a este pesado ambiente.

Cada calle tiene su identidad. En algunas, la mano amable planta árboles, en otras con saña insaciable acaba con cualquier brote de verdor, atizando la aridez, la fatiga y el calor. Hay que salvar nuestras calles.

Has reflexionado alguna vez? Observa y piensa: la calle es la vida del vendedor, si llegara a faltarle, en muchos hogares no habría pan.

El vendedor ambulante no te va ni te viene, porque estás habituado a verlo cada día, en todas partes, pero detente y piensa: ¿Si estuvieras en su lugar?

El vendedor es una persona que brega en forma denodada.

La razón de su lucha: sobrevivir.

El producto de sus ventas: es el sustento para sus pequeños hijos.

Su sudor: son lágrimas de cansancio que refrescan la frente acrisolada de muchos colombianos.

El sol es la lámpara ardiente que a veces desespera, pero si se oculta y llueve, los compradores se van.

Si no te habías detenido a observar, hazlo y aprenderás que sensibilizándote vivirás un poco más. La indolencia nos ha vuelto rudos, carentes de sentimiento y faltos de amor.

Has un alto en tu camino. Mira a los vendedores de tu pueblo y sentirás que en cada una de sus palabras hay un dejo de premura, de tristeza, de alegría y de fe.

Queramos a nuestros pueblos, con todo cuanto tienen; para amarlos de verdad hay necesidad de conocerlos y conocerlos es ir a la causa de los comportamientos, es encontrar el por qué, es desandar caminos, con la alegría de la búsqueda que anuncia el encuentro fructífero.

El contacto de este pedazo de Colombia, hace pensar q faltan muchas oportunidades y nada cuesta soñar que un día no muy lejano, las personas con poder de decisión renueven las estructuras, cambien las conciencias construyamos con tantas manos ávidas de trabajo dignificante, la patria que todos merecemos.

La muestra folclórica que inmortaliza las voces de nuestros pregoneros, teñida de necesidades, silencios, gritos y esperanzas, ojalá se oiga en el cielo y como súplicas lleguen a Dios, en forma de cometas de ilusiones pintadas de fe y se devuelvan convertidas en una hermosa realidad saturada de abundancia.

El pregonero ve en cada amanecer un nuevo reto que abrigado con la calidez de la fe, mantiene la fuerza para seguir. Y a veces cuando lo sorprende el cansancio de la tarde, la quietud de la noche eleva un canto de alabanza por los logros obtenidos.

Por eso bien podemos decir que: "El Eco de los pensamientos es la personificación de los deseos y la capacidad de asombro es un poema que tiene como ingrediente mil vivencias que testimonian la capacidad de progreso".

Bibliografía

ENCICLOPEDIA ILUSTRADA CUMBRE. Lo esencial de los conocimientos actuales en forma clara, sustancial y amena. Tomo X. Editorial Cumbre. S.A. Méjico. 1962.

ENCICLOPEDIA UNIVERSAL ILUSTRADA EUROPEO AMERICANA.

ESPASA CALPA. Tomo XLVII. Copyright. Hijos de J. Espasa. Madrid, Barcelona.

www.ingramcontent.com/pod-product-compliance
Lightning Source LLC
Chambersburg PA
CBHW072105280526
45788CB00006B/2401